BEI GRIN MACHT SICH IHR WISSEN BEZAHLT

- Wir veröffentlichen Ihre Hausarbeit, Bachelor- und Masterarbeit

- Ihr eigenes eBook und Buch - weltweit in allen wichtigen Shops

- Verdienen Sie an jedem Verkauf

Jetzt bei www.GRIN.com hochladen und kostenlos publizieren

Fachkräftemangel im deutschen Baugewerbe

Inwieweit kann Zuwanderung den Engpass kompensieren?

Natali Bungic

GRIN

Bibliografische Information der Deutschen Nationalbibliothek:

Die Deutsche Nationalbibliothek verzeichnet diese Publikation in der Deutschen Nationalbibliografie; detaillierte bibliografische Daten sind im Internet über http://dnb.d-nb.de abrufbar.

ISBN: 9783346416803
Dieses Buch ist auch als E-Book erhältlich.

Druck und Bindung: Books on Demand GmbH, Norderstedt Germany
Gedruckt auf säurefreiem Papier aus verantwortungsvollen Quellen

Das vorliegende Werk wurde sorgfältig erarbeitet. Dennoch übernehmen Autoren und Verlag für die Richtigkeit von Angaben, Hinweisen, Links und Ratschlägen sowie eventuelle Druckfehler keine Haftung.

Das Buch bei GRIN: https://www.grin.com/document/1021754

Ruhr-Universität Bochum

Fakultät für Sozialwissenschaft

Fachkräftemangel im deutschen Baugewerbe –

Inwieweit kann Zuwanderung den Engpass kompensieren?

Seminar: Einführung in die Arbeits-, Wirtschafts- und Organisationssoziologie

Natali Bungic

4. Fachsemester

Sozialwissenschaft (1-Fach)

SoSe 2020

Inhaltsverzeichnis

1. Einleitung

Während der letzten Jahre hat sich die arbeitsmarktpolitische Debatte über den Fachkräftemangel in Deutschland verbreitet und bis zum heutigen Tage verschärft. Zahlreiche Unternehmen stehen vor den Problemen einer alternden Unternehmensstruktur und der Rekrutierung von neuem, qualifizierten Fachpersonal. Durch die mangelnde Stellenbesetzung werde nicht nur die Produktion, sondern auch die Innovationsleistung gefährdet, welche in Zeiten einer dynamischen technologischen Weiterentwicklung in Deutschland unabdingbar sei. Diese Aspekte gefährden neben der einzelnen unternehmerischen Wettbewerbsfähigkeit auch die Gesamtwirtschaft (Bollessen, 2016, S. 14 ff.).

Innerhalb des branchenweiten Fachkräftemangels ist besonders das deutsche Baugewerbe betroffen. Da der Fachkräftemangel ein großes Risiko für das wirtschaftliche Wachstum dieser boomenden Branche darstellt und die inländischen Arbeitskräftereserven ausgeschöpft sind, hoffen seit einigen Jahren zahlreiche Bauunternehmen auf die ausländischen Potenziale, um gegen die Knappheit vor zu gehen. Dabei stellt sich die Frage: Inwieweit kann die Zuwanderung den Engpass an Fachkräften kompensieren? Im Verlauf der Seminararbeit soll diese Kompensationsstrategie auf der Grundlage von empirischen Daten näherungsweise analysiert werden. Ziel dessen wird es sein, vorab einen Beitrag zum Verständnis von möglichen Ursachen des Fachkräftemangels im deutschen Baugewerbe zu leisten, indem man die Determinanten der Arbeitsnachfrage- und Angebotsseite betrachtet. Darauf aufbauend soll die Fachkräftesicherung durch Zuwanderung diskutieren werden. Durch die Veranschaulichung der Auswirkungen der bisherigen Zuwanderung auf die gesamtgesellschaftliche Demografie sowie den Arbeits- und Ausbildungsmarkt, sollen auch damit einhergehende Herausforderungen illustriert werden. Unter der Berücksichtigung zahlreicher Zuwanderungsgründe stellt insbesondere die letzte dominanteste Zuwanderungswelle der Fluchtmigration einen bedeutenden Faktor dar. Wie sich die Zuwanderung auf das Baugewerbe auswirkt, wird sich durch eine spezifischere Betrachtung herauskristallisieren. In diesem Zuge werden die empirischen Daten des Migrationsberichts 2018 des Bundesministeriums des Innern, des Bundesamtes für Migration und Flüchtlinge sowie des Hauptverbandes der deutschen Bauindustrie im Fokus der Analyse stehen.

Im Rahmen des Seminars sei von Interesse, tendenzielle Wandlungsprozesse innerhalb des bauwirtschaftlichen Ausbildungs- und Arbeitsmarktes zu erkennen und absehbare Entwicklungen des Mangels an nicht-akademischen Fachkräften zu prognostizieren, wobei insbesondere die Potenziale der Zuwanderung betrachtet werden.

2. Das Baugewerbe

2.1. Die wirtschaftliche Lage

Das deutsche Baugewerbe, welches allein durch das dominierende Bauhauptgewerbe im Jahr 2019 bis zu 871 928 Arbeitnehmer aufwies (Hauptverband der Deutschen Bauindustrie e.V., 2020, S. 23), trug 2018 „5,3% zur gesamtwirtschaftlichen Bruttowertschöpfung" mit einem Umsatz von 160,4 Mrd. Euro bei und erweist sich als ein bedeutender Sektor der Gesamtwirtschaft (Hauptverband der Deutschen Bauindustrie e.V., 2019a, S. 2f). Auch aktuell seien expandierende Wachstumserwartungen infolge steigender Bauinvestitionen absehbar. So stieg das Bauvorhaben laut des Bau-Reports aus dem Geschäftsjahr 2018 auf 2019 um 28,5 Prozent an. Darunter fallen insbesondere steigende Bauprojekte im Rahmen von Neubauten und Sanierungen des öffentlichen und privaten Bereiches (Building Radar GmbH, 2019, S. 4f), welche unter anderem als Reaktion auf eine erhöhte Wohnraumnachfrage in den urbanen Zentren aufgrund verstärkter Zuwanderung zurückzuführen seien. Darüber hinaus habe sowohl die Vernachlässigung als auch die Aufschiebung der Bauinvestitionen der letzten Jahre aufgrund der 10-jährigen Baurezession zu dem aktuellen Konjunkturaufschwung beigetragen (Hauptverband der Deutschen Bauindustrie e.V., 2019a, S. 3).

Neben den Prognosen aus dem Jahr 2019 müssen allerding die Auswirkungen der im Frühjahr 2020 ausgebrochene Corona-Pandemie berücksichtigt werden, die zu einen Einbruch der gesamtwirtschaftlichen Aktivität geführt hat. Während die Prognosen der Bundesregierung im März ein Anstieg der Bauinvestitionen um 2,7 Prozent im Jahr 2020 aufwiesen, sanken die Erwartungen im April jedoch um 1 Prozent. Infolge eingeschränkter Liefer- und Produktionsprozesse sowie eines staatlich finanziellen Defizites scheinen Bauinvestitionen in einer Krise zu stagnieren (Zentralverband des Deutschen Baugewerbes e. V., 2020, S. 11f.). Jedoch versucht die Bundesregierung, durch ein im Juni erfolgtes Konjunkturpaket, den wirtschaftlichen Auswirkungen der Pandemie entgegenzuwirken und im Interesse der Bauwirtschaft die notwendigen öffentlichen Investitionen zu fördern (Zentralverband des Deutschen Baugewerbes e. V., 2020, S. 9). Inwiefern sich dies auf die Aufträge der Bauunternehmen auswirken wird, sei abzuwarten. Das Kompetenzzentrum Fachkräftesicherung (KOFA) weist im Gegenzug jedoch einen Stellenzuwachs von 0,2 Prozent im Juni vor. Somit habe die Corona-Pandemie bisher zu keiner signifikanten Entlassungswelle geführt (Institut der deutschen Wirtschaft Köln e.V., 2020, S. 2).

2.2. Unterkategorien

Nach dem Statistischen Bundesamt wird die Bauwirtschaft in drei Kategorien unterteilt. Das Bauhauptgewerbe, welches die breiteste Anzahl an Arbeitnehmern und Umsatz umfasst, besteht größtenteils aus Beschäftigten des Rohbaus in Hoch- und Tiefbau sowie dem Straßenbau. Dazu gehören sonstige spezialisierte Bautätigkeiten wie beispielsweise der Gerüstbau, die Dachdeckerei oder Zimmerei (Lehrstuhl und Prüfamt für Verkehrswegbau, 2008, S. 1f.). Das Bauhauptgewerbe zeichne sich durch eine weiterhin steigende Umsatzzahl aus, die im Jahr 2018 als bisheriger Höchstwert bei 127 Mrd. Euro lag. Diese Entwicklung ergibt sich aus den jeweiligen Bausparten, dem Wirtschafts- und Wohnungsbau sowie dem öffentlichen Bau. Mit dem Ausbaugewerbe machte das Bauhauptgewerbe rund 63 Prozent der bauwirtschaftlichen Investitionen aus (Hauptverband der Deutschen Bauindustrie e.V., 2019a, S. 5). Zu dem Ausbaugewerbe „zählen alle Wirtschaftszweige, welche im Bereich Bauinstallation und sonstiger Ausbau tätig sind" (Lehrstuhl und Prüfamt für Verkehrswegbau, 2008, S. 1f.). Darunter fällt die Elektroinstallation, die Glas-, Wasser-, Heizungs- sowie Lüftungs- und Klimainstallation und sonstige Ausbauarbeiten wie die Fliesenlegerei oder das Maler- und Lackierergewerbe. Als dritte Kategorie werden die Bauträger genannt, oder Personen, die „im Bereich der Erschließung von Grundstücken tätig sind" (Lehrstuhl und Prüfamt für Verkehrswegbau, 2008, S. 1f.).

3. Fachkräftemangel im Baugewerbe

3.1. Determinanten der Arbeits- und Ausbildungsnachfrage

Neben der wirtschaftlichen positiven Entwicklung infolge der Baurezession, hat sich auch die Beschäftigtenanzahl in dem Zeitraum von 2008 bis 2019 um 165 000 Personen ausgeweitet (Hauptverband der Deutschen Bauindustrie e.V., 2020, S. 26). Die Stellenerweiterung ist insgesamt in diesem Zuge um 22 Prozent angestiegen. Allerdings leidet das deutsche Baugewerbe laut des Hauptverbandes der deutschen Bauindustrie an Besetzungsproblemen dieser Stellen. Dabei herrscht ein besonderer Mangel an Fachkräften, welche einen Anteil von 42,9 Prozent der Branche ausmachen (Hauptverband der Deutschen Bauindustrie e.V., 2020, S. 23). Angesichts dessen weist der DIHK-Report darauf hin, dass 62 Prozent der deutschen Bauunternehmen ihre offenen Stellen nicht besetzen können (DIHK, 2020a, S. 5). Damit die Wettbewerbsfähigkeit, das wirtschaftliche Wachstum und die Innovationen bestehen bleiben und der Mangel an Fachkräften keine Konjunkturbremse hervorruft, erweist sich die Sicherung des Fachkräftebedarfs als eine große Herausforderung für die kommenden Jahre und stellt sich als bedeutende Determinante der Arbeitsnachrage heraus.

Bevor genauere Daten illustriert und diskutiert werden, ist vorab eine Definition der Begrifflichkeiten notwendig. So beschreibt das Institut *DGB-Index Gute Arbeit* jene Personen als Fachkräfte, „die über fundierte Fachkenntnisse und Fertigkeiten verfügen. Diese werden in der Regel im Rahmen einer zwei- bis dreijährigen Berufsausbildung erworben" (Institut DGB-Index Gute Arbeit, 2020, S.3). Von einem Mangel sei zu sprechen, sobald das Angebot an fachlich qualifizierten Arbeitskräften unter dem Bedarf liegt. Daneben seien Berufe von einem Engpass betroffen, wenn „es für diese Berufe Schwierigkeiten bei der Stellenbesetzung gibt, d.h. offene Stellen können nur mit zeitlicher Verzögerung oder gar nicht besetzt werden" (Institut DGB-Index Gute Arbeit, 2020, S.3).

Zahlreiche Firmen sind auf qualifiziertes Personal angewiesen, um mit dem wirtschaftlichen Wachstum Stand zu halten und das Angebot nicht einzuschränken. Infolge des ausgeweiteten Bedarfs sind bereits die Arbeitslosenquoten im Bauhauptgewerbe in den vergangenen zehn Jahren um 70 Prozent gesunken. Folglich geriet die Ausschöpfung der derzeitigen im Inland verfügbaren Potenziale an Fachkräften an ihre Grenzen (Hauptverband der Deutschen Bauindustrie e.V., 2020, S. 26).

Vorwiegend tritt allerdings die Altersstruktur der Unternehmen in den Fokus der branchenweiten Thematik des Fachkräftemangels. In diesem Zuge verweisen Marcel Macherey und Torge Middendorf der SOKA-BAU darauf hin, dass über 26 Prozent der gewerblich Beschäftigten über 55 Jahre alt sind (Macherey/ Middendorf, 2019, S. 12). Auch im Zeitverlauf betrachtet stehen die Rentenzugänge seit 2005 konstant über den neuen Lehrlingsquoten und lassen auf steigende Tendenzen schließen (Hauptverband der Deutschen Bauindustrie e.V., 2020, S. 24). Dabei treten innerhalb der kommenden zehn Jahren rund 180 000 Arbeitnehmer in die Rente ein (Macherey/ Middendorf, 2019, S. 12). Besonders beeinflusst wird diese Zahl in erster Linie von dem baldigen Renteneintritt der Babyboomer-Generation der sechziger Jahre, insbesondere wenn keine steigende Anzahl an Lehrlingen nachkommt (Bollessen, 2016, S. 1).

Diesbezüglich setzten viele Unternehmen die Nachwuchssicherung in den Fokus und erweitern ihr Ausbildungsangebot. Die Investition in Humankapital stellt einen bedeutenden Faktor dar, um für eine langfristige Kompensation des Fachkräftemangels zu sorgen und zukünftige Potenziale zu sichern. So ergibt die DIHK-Online-Befragung aus dem Jahr 2020, dass sich das Ausbildungsangebot in der Baubranche im Vergleich zum Vorjahr stark ausgeweitet hat (DIHK, 2020b, S. 6), auch wenn bereits im Vorjahr ein deutliches Überangebot an Ausbildungsstellen von 40 Prozent vorlag (Macherey/ Middendorf, 2019, S. 3). Während sich die Zahlen der offenen Ausbildungsstellen überproportional weiter erhöhen, wird sich das Ungleichgewicht auf dem Ausbildungsmarkt durch das gegensätzliche Verhalten der Ausbildungsnachfrageseite intensivieren. In dem Jahr 2018 wurden nach den Ergebnissen des BIBB-Qualifizierungspanel rund 55,4 Prozent der Ausbildungsstellen nicht besetzt (Bundesinstitut für Berufsbildung, 2019, S. 211). Trotz des dezenten Anstieges der Lehrlingsquoten zwischen den Jahren 2014 und 2018, wurde der insgesamt negative Entwicklungstrend nicht maßgeblich beeinflusst. Dies ist durch die Halbierung der Ausbildungszahlen der letzten 20 Jahre zu begründen, wobei die Lehrlingszahlen des ersten Ausbildungsjahres im Jahr 2019 rund 13 830 Personen umfassten, was eine leichte Reduzierung zum Vorjahr darstellt (Hauptverband der Deutschen Bauindustrie e.V., 2020, S. 24).

Dieses deutlich erkennbare Ungleichgewicht des bauwirtschaftlichen Arbeits- und Ausbildungsmarktes existiert, wenngleich sich das Baugewerbe um verschiedene Maßnahmen zum Erhalt der Belegschaft und dem Zuzug neuer Fachkräfte bemüht. Dazu zählen positive Rahmenbedingungen für die Arbeitnehmer-, als auch für die Arbeitgeberseite. Diesbezüglich erstattet die SOKA-BAU die Ausbildungskosten und bietet eine speziell ausgerichtete Altersvorsorge für die Beschäftigten der Baubranche an (Ennemoser, 2018, S. 10ff.). Darüber hinaus kommt ein steigender Stundenlohn in dem Bauhauptgewerbe mit einem ergänzenden Bauzuschlag von 5,9 Prozent dazu, der als Ausgleich für die branchenweiten Nachteile fungieren solle (Hauptverband der Deutschen Bauindustrie e.V., 2020, S. 18). Auch die tariflich gesetzten Mindestlöhne und die Ausbildungsvergütung sind miteingeschlossen, zum Zwecke eines erhöhten Interesses infolge der attraktiveren Konditionen (Zentralverband Deutsches Baugewerbe, 2019, S. 1). Allerdings seien diese aussichtsreichen Vorgehensweisen unter anderem auch ein Anzeichen für die erhöhten Baupreise zu sein (Building Radar GmbH, 2019, S. 26).

3.2. Determinanten des Arbeits- und Ausbildungsangebots

Bezüglich der ersten Betrachtung der unter anderem sinkenden Anzahl neuer Ausbildungsverträge sei fragwürdig, inwiefern dies begründet werden kann und welche allgemeinen Determinanten das Arbeitsangebot beeinflussen. Dabei umfasse das Arbeitsangebot bereits sozialversicherungspflichtige Beschäftigte sowie registrierte Arbeitslose (Bundesagentur für Arbeit, 2020, S. 8). Um die schwache Angebotsneigung näherungsweise interpretieren zu können, ist es von Bedeutung, die Aspekte der Demografie, der Qualifizierung und der branchenspezifischen Arbeitsbedingungen in Betracht zu ziehen.

Der Fachkräftemangel sei insbesondere von den Folgen der demografischen Entwicklung beeinträchtigt.

> Der Begriff ‚demographischer Wandel' steht für eine veränderte Zusammensetzung in der Bevölkerungsgröße und der Bevölkerungsstruktur. Die Einflussfaktoren: Geburtenrate, Lebenserwartung, Sterblichkeitsrate und Wanderungsrate, tragen maßgeblich zum Wohlstand und dem wirtschaftlichen Wachstum bei und prägen die Entwicklung des demographischen Wandels. (Bollessen, 2016, S. 4)

Die langfristig absehbaren steigenden Sterbefälle, die sinkenden Geburtenraten sowie die Alterung der Wohnbevölkerung wirken sich maßgeblich auf den Arbeitsmarkt aus. So hat sich der Anteil Erwerbsfähiger an der Gesamtbevölkerung, welche die Personengruppen zwischen dem 15 und 65 Lebensjahr umschließt, verringert und zeichnet sich durch eine stetige Alterung aus (Bundesagentur für Arbeit, 2020, S. 6f.). Das auf 44,5 gestiegene Durchschnittsalter spiegelt sich nach den Angaben der SOKA-BAU auch als nahezu meist repräsentierte Beschäftigtengruppe der bauwirtschaftlichen Altersstruktur wider. Diese Gruppe von 45 bis 54-Jährigen stellt über 25 Prozent der gewerblichen Arbeitnehmer dar (Macherey/ Middendorf, 2019, S. 12). Genauso kann auch die bundesweit sinkende Anzahl an neuen Ausbildungsverträgen den bereits angeschnittenen Rückgang in dem Baugewerbe erklären. Während sich der Anteil von 15 bis 24-Jährigen der deutschen Wohnbevölkerung von 2005 bis 2018 um 10,4 Prozent verringert hat, so sind auch die Berufsausbildungsanfänge mit einem Rückgang von 2,2 Prozent davon gekennzeichnet gewesen, wobei diese seit 2017 leicht anstiegen (Bundesinstitut für Berufsbildung, 2019, S. 104 & 19).

Neben den einerseits demografischen Begründungen kommt auch eine insgesamte strukturelle Verschiebung im Bildungssystem hinzu. Dieser Wandel ist überwiegend von den individuellen Präferenzen und Möglichkeiten der Arbeitsangebotsseite in der Ausgestaltung des beruflichen Werdegangs beeinflusst worden. Dabei wurde zwischen den Jahren 2009 und 2018 eine deutliche Steigerung studienberechtigter Schulabsolventen erkannt, welches ein untergehendes Ausbildungsinteresse mit sich bringe (Bundesinstitut für Berufsbildung, 2019, S. 19). Zudem käme ein vergleichsweises schlechteres Image der Berufsbildung zum Studium hinzu (Institut der deutschen Wirtschaft Köln e.V., 2019, S. 6). Der allgemeine Trend zur Höherqualifizierung lässt sich diesbezüglich an einem deutschlandweiten Anstieg im Sektor Studium zwischen den Jahren 2005 und 2018 erkennen, der bei 40,3 Prozent lag (Bundesinstitut für Berufsbildung, 2019, S. 104).

Zieht man diese Aspekte neben dem erweiterten Ausbildungsplatzangebot in Betracht, so müssten die Erfolgschancen auf eine Berufsausbildung aussichtsreich sein. Allerdings gab es im

Erhebungsjahr 2018 sowohl zahlreiche unbesetzte Ausbildungsstellen, als auch unversorgte Ausbildungsplatzsuchende mit einem Anteil von 12,9 Prozent. Insofern lägen Passungsprobleme vor, welche sich unter anderem durch konträre Vorstellung bezüglich der beruflichen Rahmenbedingungen ergeben (Bundesinstitut für Berufsbildung, 2019, S. 14f.). In diesem Sinne gehören nicht lediglich die quantitativen Daten zu den Ursachen des geringen Arbeitsangebots auf dem bauwirtschaftlichen Arbeitsmarkt, sondern auch die qualitätsbedingten Beschäftigungsanreize der Branche. Auf die wahrgenommene Attraktivität der baugewerblichen Arbeitsbedingungen ging das Institut *DGB-Index Gute Arbeit* in Form einer repräsentativen Beschäftigtenbefragung ein. Die Ergebnisse zeigen, dass besonders der Aspekt der sicheren Beschäftigungsperspektiven und das Gefühl, einen bedeutenden gesellschaftlichen Beitrag zu leisten, die Arbeit im Baugewerbe gefragt und angesehen mache. Im Kontrast dazu sei die Arbeit allerdings von einer starken körperlichen Belastung, einer nicht leistungsadäquaten Entlohnung sowie verhängnisvollen orts- und wetterabhängigen Arbeitsbedingungen geprägt (Institut DGB-Index Gute Arbeit, 2019, S. 4). Einhergehend mit der Unzufriedenheit bezüglich des Lohnniveaus rücke die Besorgnis einer künftig unzureichenden Rente in den Fokus. Angesichts dessen vermutet mehr als die Hälfte der Fachkräfte des Tief- und Straßenbaus, dass der lebensnotwenige Regelbedarf nicht gedeckt werden könne. Des Weiteren werde die Arbeitsfähigkeit bis zum Erreichen des Rentenbeitrittsalters in Frage gestellt. Aufgrund der gesundheitsbeeinträchtigenden Arbeitsbedingungen, wie beispielsweise durch ein schweres Heben und einer ungünstigen Körperhaltung, gehen 70 Prozent der Fachkräfte des Tief- und Straßenbaus davon aus, die Anforderungen nicht bis zum regulären Renteneintritt erbringen zu können (DGB-Index Gute Arbeit, 2019, S. 6f.). Somit könne der mit 34 Prozent vertretene Anteil an Erwerbsminderungsrenten im Baugewerbe diese Vermutungen bekräftigen (Macherey/ Middendorf, 2019, S. 13).

Während die Arbeitsverhältnisse des Baugewerbes beachtliche Auswirkungen auf die gesundheitliche Arbeitsfähigkeit der Belegschaft haben, stellen zudem die Ausbildungsabbrüche und Abwanderungen auch aus anderen Gründen ein Problem dar. 2019 lag die im Zeitverlauf gestiegene Ausbildungsabbruchquote bei 12,2 Prozent, in den Bereichen des Ausbaus, Hoch- und Tiefbaus ist sogar jedes dritte Ausbildungsverhältnis aufgelöst worden. Begründet wird dies, laut Umfrage des SOKA-BAU, unter anderem durch nicht erfüllte Tätigkeitserwartungen seitens der Auszubildenden, der unzureichenden Leistung in der Berufsschule sowie im Betrieb und den fehlenden Spaß an der Tätigkeit. Von den Fachkräften, die ihre Ausbildung absolviert haben, blieb zuletzt nur jeder Zweite in der Baubranche tätig. Dies sei ein Resultat aus dem großen Interesse an anschließenden Weiterbildungen und der generellen Branchenkonkurrenz auf den Arbeitsmarkt (Macherey/ Middendorf, 2019, S. 8ff.).

4. Zuwanderung in Deutschland

4.1 Wirkung auf die Demografie und den Arbeitsmarkt

Die Ausführungen bezüglich des Ungleichgewichts auf dem bauwirtschaftlichen Arbeits- und Ausbildungsmarkt verdeutlichen, dass ein fehlendes Angebot an qualifizierten Fachkräften die Produktion und die Wirtschaftlichkeit massiv behindern kann. Folglich lassen sich anhand der Determinanten des Arbeitsangebots verschiedene Handlungsmöglichkeiten zur Fachkräftesicherung ableiten. So können beispielsweise die branchenspezifischen Rahmenbedingungen attraktiver gestaltet, Weiterbildungsmaßnahmen angeboten oder gewisse Potenziale der Zuwanderung in Betracht gezogen werden, welche die Arbeitsangebotsseite stärken können. Um auf den letzteren Aspekt eingehen zu können, ist vorab ein Einblick in die empirischen Daten bezüglich der Anzahl, den Gründen und den Qualifikationen der bisher international Zugewanderten beachtenswert.

Die Bundesrepublik Deutschland sei von mehreren Zuwanderungswellen geprägt worden. Insbesondere seien diese von den deutschen Spätaussiedlern sowie den Gründen der Erwerbs-, Bildungs- und Fluchtmigration gekennzeichnet gewesen, die maßgeblich zur gesamtwirtschaftlichen und demografischen Entwicklung beigetragen haben. Dabei wird unter Zuwanderung eine grenzüberschreitende Verlegung des Aufenthaltsortes verstanden, während man unter Migration die „räumliche Veränderungen des Lebensmittelpunkts" versteht (Bundesministerium des Innern, 2020, S. 32ff.). Der Migrationsbericht der Bundesregierung aus dem Jahr 2018 stellte ein insgesamtes Zuwanderungswachstum zwischen 1992 und 2018 mit einem Wanderungssaldo von 7,8 Millionen fest, welches sich durch die 28,7 Millionen Zuzüge und 20,9 Millionen Fortzüge ergab. Dabei sei ein rasanter Anstieg des ausländischen Wanderungssaldos der letzten zehn Jahre auf die EU-Binnenmigration sowie die schutzsuchenden Asylantragsteller zurückzuführen (Bundesministerium des Innern, 2020, S. 36f.). Während die Anzahl an Schutzsuchenden nach dem Höchstwert an Zuzügen mit 745 545 Personen im Jahr 2016 wieder abgenommen hat (Bundesministerium des Innern, 2020, S. 15), war die Anzahl der EU-Staatsangehörigen durch eine freie Erwerbsmobilität innerhalb der europäischen Union im Jahr 2018 die mit Abstand meist vertretene Zuwanderungsgruppe (Bundesministerium des Innern, 2020, S. 58). Dabei hat sich die Bevölkerung in Deutschland zwischen 2013 und 2018 um 2,8 Prozent auf rund 83 Millionen Personen ausgeweitet, obwohl der Anteil deutscher Staatsangehöriger laut der Bundesagentur für Arbeit um 1,1 Prozent gesunken ist. Zurückzuführen sei dieses Phänomen auf die antithetische Entwicklung der ausländischen Anteile. So haben sich diese im selben Zeitraum um 44 Prozent erhöht und machten 2018 rund 12,2 Prozent der

Gesamtbevölkerung Deutschlands aus (Bundesagentur für Arbeit, 2020, S. 6). Im Hinblick auf die Altersstruktur der ausländischen Bevölkerung lässt sich betonen, dass diese im Jahr 2018 deutlich von Personen jüngeren und mittleren Alters geprägt war. Dabei waren rund 74,5 Prozent unter 40 Jahre alt, wohingegen dieselbe Altersgruppe der deutschen Staatsangehörigen nur mit einem Anteil von 43,1 Prozent vertreten war (Bundesministerium des Innern, 2020, S. 41). In diesem Zuge sei von Interesse, wie sich die junge Altersstruktur auf den deutschen Arbeitsmarkt ausgewirkt hat.

Infolge der günstigen Altersstruktur ergab sich ein bedeutender Zuwachs der ausländischen Anteile im erwerbsfähigen Alter. 14,6 Prozent der Erwerbsfähigen in Deutschland wiesen eine ausländische Staatsangehörigkeit auf. Dabei waren 12 Prozent an der sozialversicherungspflichtigen Beschäftigung und Arbeitslosenanzahl beteiligt und trugen zur Expansion des Arbeitskräfteangebots bei (Bundesagentur für Arbeit, 2020, S. 7f.). Insgesamt lag die Beschäftigungsquote der ausländischen Staatsangehörigen mit 47,8 Prozent unter dem Bevölkerungsdurchschnitt (Bundesagentur für Arbeit, 2020, S. 10). Ohne den Einfluss von Zuzügen würde die Anzahl an inländischen Erwerbspersonen langfristig stark zurückfallen und hinsichtlich des Bedarfs nicht ausreichen. Diesbezüglich wird das Erwerbspersonenpotenzial als „die Summe aus Erwerbstätigen, Erwerbslosen sowie der Stillen Reserve [verstanden] und bildet damit nahezu die Obergrenze des aktuellen Angebots an Arbeitskräften" (Fuchs/ Kubis/ Schneider, 2015, S. 14). Im Vergleich zu den derzeit positiven Zahlen der Bundesagentur für Arbeit, prognostizierte allerdings eine Studie der Bertelsmann Stiftung im Jahr 2015, dass im Hinblick auf die Zuwanderungsdaten der vorhergehenden Jahre, das Erwerbspersonenpotenzial sogar mit einem jährlich realistischen Wanderungssaldo von 200 000 Personen bis 2050 deutlich sinken würde. Nach Berechnungen sei neben realistisch steigender Erwerbsquoten eine Nettozuwanderung von 533 000 Personen nötig, um eine konstante Entwicklung zu garantieren (Fuchs/ Kubis/ Schneider, 2015, S. 31). Beachtenswert ist jedoch dabei, dass der Forschungsbericht vor der Zunahme der Fluchtmigration erschienen ist und die Auswirkungen nicht beinhaltet. Auch die soziokulturelle Verteilung und die Qualifikationsniveaus der Zuwanderer wurden außen vorgelassen.

Zu den Qualifikationen der rund 3,7 Millionen ausländischen sozialversicherungspflichtigen Beschäftigten im Jahr 2018 teilt das Bundesamt für Migration und Flüchtlinge mit, dass sich der Anteil an nicht-akademischen Fachkräften zwar von 2013 bis 2018 prozentual ein wenig reduziert hat, allerdings 2018 den größten Anteil der ausländischen Beschäftigten mit 46 Prozent ausmachte. Dem hingegen stieg die Anzahl an Hilfskräften bis auf 38 Prozent und wies neben den Spezialisten und Experten die zweitgrößte Qualifikationsgruppe auf (Graf/ Heß, 2020, S. 43). Unter den Fachkräften waren am meisten EU-Staatsangehörige vertreten (Graf/ Heß, 2020, S. 52). Diese profitieren besonders von der Öffnung der Arbeitsmärkte, wobei die ökonomisch schwache Lage im Heimatland die Abwanderungsbereitschaft zusätzlich verstärke (Fuchs/ Kubis/ Schneider, 2015, S. 54). Während diese Gruppe bezüglich einer Erwerbstätigkeit deutliche Vorteile besitzt, gelten für die Erwerbsmigration aus Drittstaaten andere Regelungen nach dem §18 AufenthG. Dabei muss angemerkt werden, dass die Erwerbsmigration aus Drittstaaten den geringsten Anteil neben den anderen Zuwanderungsgründen darstellt. Die Erwerbsmigration ist zwischen 2013 und 2018 fast um die Hälfte gestiegen und umfasste 2018 bis zu 60 857 Personen mit einem Aufenthaltstitel (Graf/ Heß, 2020, S. 60). Davon waren rund 38 682 Fachkräfte, wobei die Hälfte derer aus den Westbalkanstaaten zuwanderte (Graf/ Heß, 2020, S. 53). Einen erheblichen Einfluss darauf lieferte die 2016 eingeführte und bis Ende 2020 befristete Sonderregelung, dass Staatsangehörige der Westbalkanstaaten unabhängig von ihrer Qualifikation und Sprachkenntnissen ein Aufenthaltsrecht erhalten, sofern ein konkretes Arbeitsangebot vorliegt (Graf/ Heß, 2020, S. 38).

Im Gegensatz dazu gelten für die restlichen Drittstaaten die Regelungen des Fachkräfteeinwanderungsgesetzes, welches im März 2020 zum Zwecke einer gezielten Fachkräfteanwerbung erneuert wurde. Unter Fachkräften zählen nicht mehr lediglich Hochschulabsolventen, sondern auch Personen mit einer qualifizierten Berufsausbildung. Außerdem entfallen die Vorrangprüfungen sowie die vorherigen Beschränkungen auf lediglich Mangelberufe. Zudem komme die Möglichkeit, sich für einen vorgegebenen Zeitraum nach der Einreise auf Arbeitsplatzsuche zu begeben oder an Qualifizierungsmaßnahmen teilzunehmen, hinzu. Beibehalten wurden allerdings die Voraussetzungen eines konkreten Arbeitsangebots, der Gleichwertigkeit der vorgewiesenen ausländischen Qualifikationen mit den Ansprüchen des deutschen Systems, als auch verhandlungssichere Sprachkenntnisse. Durch diese Erneuerungen solle der Prozess der Fachkräftegewinnung aus Drittstaaten erleichtert und effizienter werden (Bundesministerium des Innern, 2020, S. 21).

4.2. Herausforderungen

Die positiven Auswirkungen der Zuwanderung auf die Demografie sowie das Arbeitskräfteangebot sind jedoch mit Herausforderungen verbunden. Einen Aspekt bildet die Fachkräfteabwanderung. Neben den im Jahr 2018 registrierten ausländischen Fachkräftezuzügen von 1 161 866 Personen, muss allerdings auch die Abwanderung dieser mit 640 227 Personen berücksichtigt werden (Graf/ Heß, 2020, S. 59). Diese Abwanderungen seien insbesondere durch eine temporäre Migration gekennzeichnet, welche aus Erwerbsgründen erfolge. Folglich solle die Gestaltung einer langfristigen Integration in den Fokus rücken, damit eine Fachkräftesicherung gelingen könne (Fuchs/ Kubis/ Schneider, 2015, S. 54).

Bezüglich des Fachkräfteeinwanderungsgesetzes lässt sich hervorheben, dass die Anerkennungsphase der ausländischen Qualifikationen langwidrig sein könne sowie die Kompetenzen durch mangelnde Zertifizierbarkeit häufig nicht nachweisbar seien (Beinke/ Bohlinger, 2011, S. 22f.). Diese problematische Transferierung des Humankapitals habe dementsprechend auch Auswirkungen auf die Berufschancen. Zudem kommen sprachliche Barrieren hinzu, welche ausschlaggebend für eine Integration in den Arbeitsmarkt und Gesellschaft seien. Diese betreffen die Gesamtzahl der zugewanderten Erwerbspersonen und seien nur durch einen erhöhten Einsatz von Sprach- und Integrationskursen zu überwinden (Wrobel, 2016, S. 18). Dass die herausfordernde Integration in den Arbeitsmarkt verzögert erfolgt, könne der langsame Rückgang der ausländischen Arbeitslosenquoten auf 12,9 Prozent im Jahr 2018 andeuten, wobei sich die Integration von Flüchtlingen als besonders zeitintensiv darstelle (Bundesagentur für Arbeit, 2020, S. 10f.). Dies sei allerdings auch durch die Unsicherheiten bezüglich des Aufenthaltsstatus zu begründen, die besonders die Staatsangehörigen aus Afghanistan, Eritrea, Iran, Irak, Pakistan, Nigeria, Somalia und Syrien betreffen (Brücker/ Gundacker/ Kalkum, 2020, S. 50). Angesichts der Tatsache muss neben der bewussten und steuerbaren Erwerbsmigration auch insbesondere die Erwerbstätigkeit der Flüchtlinge mit Bleibeaussicht beachtet werden. Da diese anteilmäßig einen großen Einfluss auf das Erwerbspersonenpotenzial haben und viele noch keine oder nicht anerkannte Ausbildung mitbringen, sei die Ausschöpfung der Fachkräftepotenziale durch eine gelingende Integration in den Ausbildungsmarkt von hoher Relevanz (Graf/ Heß, 2020, S. 17).

4.3. Auswirkungen auf den Ausbildungsmarkt

Bezüglich der Eingliederung ausländischer Staatsangehöriger in den Ausbildungsmarkt ist erwähnenswert, dass diese Gruppe durch einen starken Anstieg im Jahr 2017 rund 8,6 Prozent der Auszubildenden mitbringt. Dieser Höchstwert könne auf das Wachstum der Auszubildendenzahl Geflüchteter zurückgeführt werden (Bundesinstitut für Berufsbildung, 2020, S. 12ff.). Dabei war der größte Anteil über 24 Jahre alt. Im Vergleich dazu zeigt sich, dass die Neuabschlüsse der deutschen Auszubildenden zwar absolut am stärksten vertreten, prozentuell jedoch rückläufig sind (Bundesinstitut für Berufsbildung, 2020, S. 39).

5. Zuwanderung im Baugewerbe

5.1. Auswirkungen auf den Arbeits- und Ausbildungsmarkt

Der große Beitrag der bisherigen Zuwanderung zum inländischen Arbeitskräfteangebot und der Demografie beeinflusste auch das Baugewerbe essentiell. Inwiefern das Baugewerbe dadurch an Fachkräften profitieren konnte, wird an den ausländischen Arbeitnehmerzahlen und den jeweiligen Anforderungsniveaus illustriert. Zudem sind die Auswirkungen auf den bauwirtschaftlichen Ausbildungsmarkt von besonderem Interesse, da dieser die Nachwuchssicherung und die zukünftigen Fachkräfteanzahlen betrifft. Dabei dürfen allerdings die damit einhergehenden Herausforderungen nicht vernachlässigt werden.

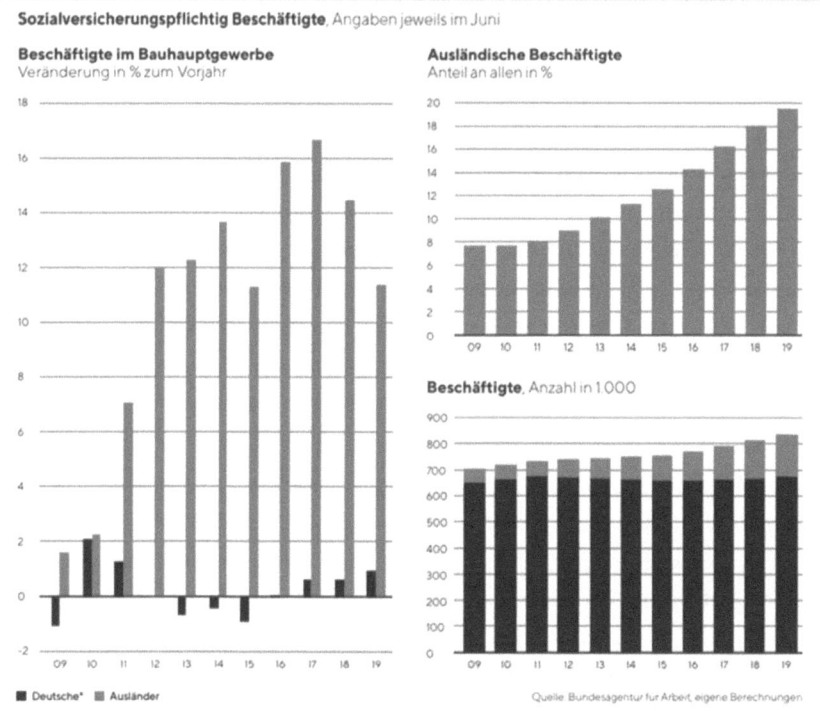

Abbildung Ausländische sozialversicherungspflichtig Beschäftigte im Bauhauptgewerbe (Abb. nach Hauptverband der Deutschen Bauindustrie e.V, 2020, S. 28)

Laut des Hauptverbandes der deutschen Bauindustrie ist der Anteil an ausländischen Staatsangehörigen zwischen den Jahren 2009 und 2019 von 7,7 auf 19,5 Prozent gestiegen. Somit wies rund jeder Fünfte im Bauhauptgewerbe einen ausländischen Pass auf. Im Vergleich zu der deutschen Belegschaft ist auch die prozentuale Veränderung der ausländischen Anteile zum Vorjahr deutlich hervorgetreten (s. Abb.). Die boomende Baukonjunktur und die Arbeitnehmerfreizügigkeit innerhalb der europäischen Union seien bedeutende Ursachen für den Zuwachs (Zentralverband des Deutschen Baugewerbes e. V, 2020, S. 46). Bei einer Erhebung von über 3,7 Millionen ausländischen sozialversicherungspflichtigen Arbeitnehmern des Jahres 2018 in Deutschland waren rund 8,4 Prozent, also rund 311 000 Personen, in den Bereichen Bau, Architektur, Vermessung und Gebäudetechnik beschäftigt.

Während es sich bei diesen Berechnungen um die allgemeine Beschäftigtenanzahl handelt, sei es von Interesse, die Anforderungsniveaus genauer zu betrachten. So waren 48,7 Prozent als Fachkraft tätig (Graf/ Heß, 2020, S. 48). Zwischen den Jahren 2014 und 2018 war ein Anstieg dieser um 70 Prozent zu verzeichnen (Graf/ Heß, 2020, S. 57). Die Geflüchteten waren lediglich mit einem Anteil von unter 0,8 Prozent unter den Fachkräften der deutschen Bauwirtschaft vertreten, wobei dies auf die oftmals nicht gleichwertigen und somit nicht anerkannten mitgebrachten Berufsausbildungen zurückzuführen sei (Hauptverband der Deutschen Bauindustrie e.V, 2019b, S. 2). Neben den Fachkräfteanzahlen stieg jedoch auch der Prozentsatz der ausländischen Arbeitnehmer, die sich auf einem Helferniveau befinden. Dieser betrug 2018 rund 43,2 Prozent. Im Vergleich zu den anderen Branchen weist das Baugewerbe einen der höchsten Anteile ausländischer Beschäftigter mit einem geringfügigen Qualifikationsniveau auf. Damit hänge auch vermutlich der hohe Anteil an nicht angegebenen Berufsschulabschlüssen zusammen, welcher bei 41,4 Prozent lag (Graf/ Heß, 2020, S. 48f.). Möglicherweise können die fehlenden Angaben unter anderem auf den hohen Zuwachs der Beschäftigten aus den Westbalkanstaaten zurückgeführt werden, da es bei der bereits genannten Sonderregelung keine qualifikatorischen Voraussetzungen gebe und ein Großteil informelle Kompetenzen aufweise (Zentralverband Deutsches Baugewerbe, 2019, S. 1f.). Zudem komme das Problem von mangelnden Informationen bezüglich des deutschen Ausbildungssystems hinzu, welches die Geflüchteten besonders betreffe. Aufgrund dessen werden geringfügige Beschäftigungen hingegen einer beruflichen Ausbildung meist bevorzugt, da somit ein schnellerer Einstieg in das Berufsleben und in einen konstanten Einkommensfluss möglich sei (Hauptverband der Deutschen Bauindustrie e.V, 2019b, S. 1). In diesem Zuge betonte bereits Hartmut Hirsch-Kreinsen im Jahre 2009, dass gerade der unstrukturierte Arbeitsmarkt des Baugewerbes von der wachsenden Arbeitsmigration betroffen sei (Hirsch-Kreinsen, 2009, S. 170). In solch einem Markt seien spezifische Qualifikationen und sehr gute Sprachkenntnisse nicht notwendig. Es komme auf die physische

Leistungsfähigkeit an, welche durch eine kurze Anlernzeit zu produktiven Ergebnissen führe (Hirsch-Kreinsen, 2009, S. 160).

Dies kompensiert allerdings nicht den Fachkräftemangel, da gewisse berufliche Qualifikationen für eine qualitative Arbeit des Baugewerbes vorausgesetzt werden. Zwar ist ein bedeutender Anteil der ausländischen Beschäftigten als Fachkraft tätig, jedoch muss insbesondere der große Anteil an jungen Geflüchteten in den bauwirtschaftlichen Ausbildungsmarkt integriert werden, um die Fachkräftepotenziale sichern zu können (Hauptverband der Deutschen Bauindustrie e.V, 2019b, S. 1).

Somit habe die bisherige Integration dieser Zuwanderungsgruppe hat einen erheblichen Anteil zu den Ausbildungszahlen beigetragen. Auch der leichte Rückgang der neuen Ausbildungsverträge im Jahr 2019 sei darauf zurückzuführen, dass die Vorjahre durch die Anzahl an Auszubildenden mit einem Fluchthintergrund auf einem sehr hohen Niveau waren und maßgeblich den Anstieg geprägt haben. Dennoch machten die Bewerber mit einem Fluchthintergrund rund 12 Prozent der Gesamtzahl an Bewerbern im Jahr 2019 aus (Macherey/ Middendorf, 2019, S. 3). Insbesondere in dem Bereich des Hoch- und Tiefbaus ist deren Anzahl zwischen 2016 und 2018 gewachsen. Durch die Vermittlung der Bundesagentur für Arbeit mündeten im Jahr 2018 rund 4 650 Flüchtlinge in eine Bauausbildung ein, was im Vergleich zu den Zahlen von 2016 um ein Vierfaches erhöht wurde (Hauptverband der Deutschen Bauindustrie e.V, 2019b, S. 2). Des Weiteren trug der Wegfall einer Altersgrenze in den Bauausbildungen dazu bei, dass sich auch Flüchtlinge über 27 Jahre ausbilden konnten. Somit hat sich der ältere Anteil an Auszubildenden insbesondere durch diese Zuwanderungsgruppe erhöht (Macherey/ Middendorf, 2019, S. 12). Die hohe Bereitschaft der Bauunternehmen, die Integration geflüchteter Personen zu fördern, lässt sich an den Angaben des SOKA-BAU erkennen. Hierbei zeigen rund 70 Prozent der Betriebe ihr Engagement und Interesse (Macherey/ Middendorf, 2019, S. 3).

5.2. Herausforderungen

Neben der durchwachsenen Qualifikationsstruktur der ausländischen Beschäftigten im Baugewerbe kommt der Aspekt einer temporären Migration hinzu. So stieg der Anteil an entsandten Arbeitnehmern zwischen 2009 und 2019 um ein Doppeltes auf 86.000 Personen an. Diese kommen aus dem Ausland, um inländische Aufträge in einem begrenzten Zeitraum zu erfüllen (Zentralverband des Deutschen Baugewerbes e. V., 2020, S. 47f.). Ob solche zirkulären Fachkräftezuwanderungen zur Schließung der langfristigen Fachkräftelücke beitragen, sei fraglich. Auf der anderen Seite biete es allerdings einen flexiblen Personaleinsatz. Auch wenn das Baugewerbe von einer gezielten Anwerbung von Fachkräften aus Drittstaaten durch das

Fachkräfteeinwanderungsgesetz deutlich profitieren könnte, kritisiert der Zentralverband des Deutschen Baugewerbes die Beschränkung auf lediglich Fachkräfte mit einer qualifizierten Ausbildung. Informelle Kompetenzen, welche durch Erfahrungen erworben werden, seien nicht berücksichtigt (Zentralverband des Deutschen Baugewerbes e. V., 2019, S. 2).

Bezüglich des Ausbildungsmarktes stellten sich die sprachlichen Kenntnisse als herausfordernd heraus. Insbesondere die Bewerber mit Fluchterfahrung stehen diesen Hindernissen gegenüber, da sichere Sprachkenntnisse als auch ein garantierter Aufenthaltsstatus vorausgesetzt werden. Da ein Großteil derer gute Leistungen erbringe, jedoch in der Theorie Defizite aufweise, unterstützen zahlreiche Ausbildungszentren des Baugewerbes anhand von Einstiegsqualifizierungsprojekten, berufsvorbereitenden Maßnahmen sowie parallelen Sprachkursen. Dies diene der Informationsvermittlung sowie der Ausschöpfung der vorhandenen Potenziale (Hauptverband der Deutschen Bauindustrie e.V, 2019b, S. 1f.).

6. Fazit

Zusammenfassend lässt sich festhalten, dass sich der Fachkräftemangel im Baugewerbe aufgrund der tendenziell sinkenden Anzahl an Auszubildenden und des steigenden Anteils an Rentenzugängen verschärft hat. Beeinflusst wurden diese Entwicklungen maßgeblich von der Demografie, dem Trend zur Höherqualifizierung der Schulabsolventen sowie der dominierenden Unzufriedenheit bezüglich der Arbeitsbedingungen. Das Ungleichgewicht auf dem bauwirtschaftlichen Arbeits- und Ausbildungsmarkt ist zusätzlich von der positiven wirtschaftlichen Lage geprägt. Die internationale Zuwanderung hat gesamtwirtschaftlich einen bedeutenden Beitrag zum inländischen Bevölkerungswachstum und dem Arbeitskräfteangebot geleistet. Die tendenziell junge Altersstruktur sowie die steigende Ausbildungsnachfrage lassen auf langfristige Potenziale hoffen. Auch in der Baubranche sind Personen mit einem ausländischen Pass mit einem Anteil von bis zu 20 Prozent vertreten, während rund die Hälfte derer eine Fachkraft ist.

Betrachtet man die aktuellen Zahlen des bauwirtschaftlichen Fachkräftemangels, wo jegliche Staatsangehörigkeiten mit eingeschlossen sind, so erweist sich, dass die bisherigen Ausländeranteile den Mangel nicht kompensieren konnten. Allerdings ist hervorzuheben, dass die Ausweitung der Beschäftigten- und Ausbildungszahlen insbesondere auf die ausländischen Personen zurückzuführen ist. Somit wurde der Fachkräftemangel nicht kompensiert, sondern abgedämpft. Deutlich profitiert hat der Bauarbeitsmarkt von der Freizügigkeit der EU-Binnenwanderung. Dazu kommt die Erwerbsmigration Drittstaatenangehöriger, wobei die Westbalkan-Regelung einen großen Anteil an qualifizierten Arbeitern ausmachte. Eine kurzfristige

Bedarfsdeckung ist zwar durch eine große Anzahl an entsandten Arbeitnehmern aus dem Ausland möglich. Aus langfristiger Sicht leistet jedoch die Integration ausländischer Staatsangehörige in den Ausbildungsmarkt einen wesentlichen Beitrag zur Ausschöpfung und Sicherung der Fachkräftepotenziale. Als herausfordernd gelten hierbei die Qualifikationen der Zuwanderer und dessen Anerkennung, sowie die (langfristige) Arbeitsmarktintegration der bereits ansässigen Zugewanderten, wie der Flüchtlinge. Außerdem muss den sprachlichen Barrieren, welche die Arbeits- und Ausbildungsintegration verzögern, anhand von Förderungsmaßnahmen entgegengewirkt werden. Genauso stellen sich Beratungen hinsichtlich des deutschen Ausbildungsmarktes als relevant dar, um uninformierte Einstiege in geringqualifizierte Beschäftigungen zu verhindern. Da eine Ausbildung ein längerer Prozess sein kann und ein großer Anteil der ausländischen Beschäftigten des Baugewerbes als Hilfskräfte tätig sind, braucht die Branche eine gezielte und gesteuerte Anwerbung von Fachkräften aus Drittsatten, welche die Ungleichgewichte der Qualifikationsstruktur ausbalancieren sollen. Durch das neue Fachkräfteeinwanderungsgesetz sollte dies erweiterte Möglichkeiten bieten. Inwiefern das Anwerben von Fachkräften aus Drittstaaten aufgrund der aktuellen Reisebeschränkungen durchführbar ist, wird sich in der nächsten Zeit herausstellen.

Literaturverzeichnis

Beinke, Kristina/ Bohlinger, Sandra (2011). Anerkennung im Ausland erworbener Qualifikationen. Ungenutzte Potenziale zur Fachkräftesicherung. In: Zeitschrift des Bundesinstituts für Berufsbildung, 40(3), S. 20-24.

Bollessen, Doris (2016). Der fortschreitende Fachkräftemangel infolge des demographischen Wandels. Denkbare Konzepte und Erfolgsstrategien zur langfristigen Mitarbeiterbindung. Hamburg: Diplomica Verlag GmbH.

Brücker, Herbert/ Gundacker, Lidwina/ Kalkum, Dorina (Hg.) (2020). IAB-Forschungsbericht. Geflüchtete Frauen und Familien: Der Weg nach Deutschland und ihre ökonomische und soziale Teilhabe nach Ankunft. Nürnberg: Institut für Arbeitsmarkt- und Berufsforschung.

Building Radar GmbH (Hg.) (2019). Bau-Report. Trends & Marktdaten der deutschen Baubranche. München.

Bundesagentur für Arbeit (Hg.) (2020). Berichte: Blickpunkt Arbeitsmarkt - Auswirkungen des demografischen Wandels auf den Arbeitsmarkt. Nürnberg.

Bundesinstitut für Berufsbildung (Hg.) (2019). Datenreport zum Berufsbildungsbericht 2019. Informationen und Analysen zur Entwicklung der beruflichen Bildung. Bonn: Verlag Barbara Budrich.

Bundesministerium des Innern (Hg.) (2020). Migrationsbericht 2018. Berlin.

Deutscher Industrie- und Handelskammertag e. V. (DIHK) (Hg.) (2020a). Fachkräftesuche bleibt Herausforderung. DIHK-Report Fachkräfte 2020. Berlin.

Deutscher Industrie- und Handelskammertag e. V. (DIHK) (Hg.) (2020b). Ausbildung 2020. Ergebnisse einer DIHK-Online-Unternehmensbefragung. Berlin.

Ennemoser, Birgit (2018). Aktuelle Änderungen im Bauhaupt- und -nebengewerbe. Branchenbesonderheiten bei der Lohnberechnung. Nürnberg: DATEV eG.

Fuchs, Johann/ Kubis, Alexander/ Schneider, Lutz (Hg.) (2015). Zuwanderungsbedarf aus Drittstaaten in Deutschland bis 2050. Szenarien für ein konstantes Erwerbspersonenpotenzial – unter Berücksichtigung der zukünftigen inländischen Erwerbsbeteiligung und der EU-Binnenmobilität. Gütersloh: Bertelsmann Stiftung.

Graf, Johannes/ Heß, Barbara (Hg.) (2020). Ausländische nicht-akademische Fachkräfte auf dem deutschen Arbeitsmarkt. Eine Bestandsaufnahme vor dem Inkrafttreten des Fachkräfteeinwanderungsgesetzes. Forschungsbericht 35 des Forschungszentrums des Bundesamtes. Nürnberg: Bundesamt für Migration und Flüchtlinge.

Hauptverband der deutschen Bauindustrie e.V. (Hg.) (2020). Bauwirtschaft im Zahlenbild. Berlin. Im Internet unter: https://www.bauindustrie.de/media/documents/Bauwirtschaft-im-Zahlenbild_final_Inhalt_verlinkt.pdf, Recherche am 05.09.2020.

Hauptverband der deutschen Bauindustrie e.V. (Hg.) (2019a). Bauwirtschaft im Zahlenbild. Berlin. Im Internet unter: https://www.bauindustrie.de/media/documents/Bauwirtschaft-im-Zahlenbild-A5-final.pdf, Recherche am 01.09.2020.

Hauptverband der deutschen Bauindustrie e.V. (Hg.) (2019b). ...auf den Punkt gebracht. Beschäftigung von Flüchtlingen in der Bauwirtschaft. Berlin. Im Internet unter: https://bauindustrie.de/media/documents/Fl%C3%BCchtlinge_in_der_Bauwirtschaft.pdf, Recherche am 01.09.2020.

Hirsch-Kreinsen, Hartmut (2009). Wirtschafts- und Industriesoziologie. Grundlagen, Fragestellungen, Themenbereiche (2. akt. Auflage). Weinhelm.

Institut der deutschen Wirtschaft Köln e.V. (Hg.) (2020). KOFA Kompakt. Fachkräftereport für Juni 2020-Corona-Spezial. Köln.

Institut der deutschen Wirtschaft Köln e.V. (Hg.) (2019). KOFA-Studie 2/2019. Fachkräftesicherung in Deutschland - diese Potenziale gibt es noch. Köln.

Institut DGB-Index Gute Arbeit (Hg.) (2020). Fachkräfteengpass am Bau. Welche Rolle spielen die Arbeitsbedingungen? Berlin. Im Internet unter: file:///C:/Users/admin/Downloads/Kompakt-2020-01_Fachkraefte-Bauberufe.pdf, Recherche am 30.07.2020.

Lehrstuhl und Prüfamt für Verkehrswegebau (Hg.) (2008). Definition Bauhauptgewerbe. München.

Macherey, Marcel/ Middendorf, Torge (Hg.) (2019). Ausbildungs- und Fachkräftereport der Bauwirtschaft. Wiesbaden: SOKA-BAU. Im Internet unter: https://www.soka-bau.de/fileadmin/user_upload/Bilder/Soka-Bau/Publikationen/ausbildungs-und-fachkraeftereport_2019.pdf, Recherche am 30.07.2020.

Wrobel, Ralph (2016). Der deutsche Arbeitsmarkt zwischen Fachkräftemangel und Immigration. Ordnungspolitische Perspektiven in der Flüchtlingskrise, Ordnungspolitische Diskurse, No. 2016-01, OrdnungsPolitisches Portal (OPO).

Zentralverband des Deutschen Baugewerbes e. V. (Hg.) (2020). Baumarkt 2019. Perspektiven 2020. Berlin: Ludwig Austermeier Offsetdruck e. K.

Zentralverband des Deutschen Baugewerbes e. V. (Hg.) (2019). ZDB-Positionen zur Fachkräftesicherung im Baugewerbe. ZDB Baustein (45. Ausg.). Berlin. Im Internet unter: https://www.zdb.de/fileadmin/publikationen/Bausteine_PDF/045_ZDB-Baustein_Fachkraeftesicherung.pdf, Recherche am 04.09.2020.